手から生まれるかわいいもの…

この本は、折り紙などの工作でよく使う技から、布や毛糸を使った手芸の技まで、いろいろな作り方がのっています。紙やモール、フェルトなどのみぢかな素材で、季節に合わせた手作りにチャレンジしてみてね。ミシンなしで、かわいいものがいっぱい作れるよ！

ミシンなしでかんたん！
季節の手芸 春

C・R・K design

春の花や食べもの、ひな祭りやこどもの日などの行事に合わせて、いろいろな手作りを楽しもう。

理論社

もくじ contents
HANDICRAFTS IDEA BOOK FOR KIDS

初級 切る+貼るで作るもの

① モールで作る
春の花のブレスレット
…4…

② 折り紙で作る
ミニミニかぶと
…8…

③ 紋切りで作る
桜モチーフのランタン
…12…

中級 切る+貼る+道具で作るもの

④ ポンポンで作る
いちごのチャーム
…16…

⑤ プラバンで作る
動物アクセサリー
…20…

⑥ フェルトで作る
母の日のカーネーション
…24…

まずは、切ったり貼ったりするだけの「初級」に挑戦してみよう。なれてきたら道具を使う「中級」、そして最後に針を使って「ぬう」技が入った「上級」にチャレンジして！

ミシンなしでかんたん！
季節の手芸 春

上級 切る+貼る+ぬうで作るもの

7

フェルトで作る
いちごのブローチ
…28…

8

ちりめんで作る
ひな祭りのつるし飾り
…32…

9

刺しゅうで作る
動物のカフェエプロン
…40…

モールのアレンジ・プラバン図案…47　パターン（型紙）…巻末

 春の暮らしを楽しもう！

桃の節句が過ぎ、桜の花が咲くころには、新芽もいっせいに芽吹き始めます。ひな祭りやお花見、入学式など行事も多い春。いろいろな技法を覚えながら、かわいい小ものを作ってみよう。

3月 弥生
「弥生」は、冬が終わって草花が生いしげる月という意味があります。たくさんの花が咲き乱れるこの時季に、カラフルな花のモチーフを手作りして、春のおとずれを楽しもう！

4月 卯月
「卯月」は、卯（うつき）の花が咲く季節であることに由来するといわれます。3〜4月ごろは、ハウス栽培のいちご狩りも最盛期。かわいいいちごの小ものを持って、お出かけしよう！

5月 皐月
「皐月」は、早苗月（早苗を植える月）に由来するという説があり、田植えの季節です。端午の節句や母の日など行事に合わせて、いろいろな飾りを作って楽しんで。

切る+貼るで作るもの
1 初級 Handicrafts

モールで作る春の花のブレスレット

折ったり曲げたりするだけのモール細工で春の風景をブレスレットに。好きな色のモールを組み合わせて、自分だけのアクセサリーを作ろう。

季節のマメ知識

春の花いろいろ

梅、桃、菜の花、たんぽぽ、チューリップ。春になると草や木に色とりどりの花が咲きます。家のまわりで探してみましょう。

Seasonal handicrafts for Kids

design：Kumiko Suzuki

用意するもの

モール（長さ27cm）
赤 3本
ピンク 2本
黄 2本
オレンジ 1本
ボタン（直径約1cm）
つまようじ
じょうぎ
クラフト用はさみ
またはニッパー
（ふつうのはさみでもOK）

使うモールは4色、自分の好きな色を組み合わせて作ってね。いっぱい作って重ねづけしてもかわいい！まき終わりはしっかり丸めよう！

花とちょうちょのブレスレットと指輪が作れるよ！アレンジの作り方はP.47を見てね！！

作る手順

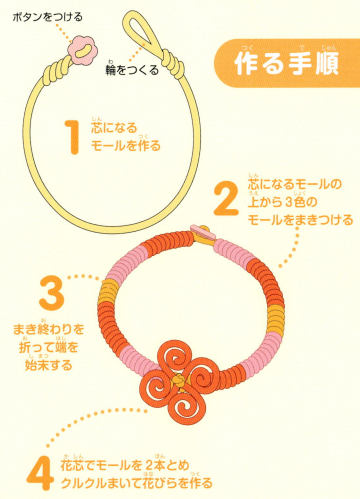

1 芯になるモールを作る
　輪をつくる
　ボタンをつける

2 芯になるモールの上から3色のモールをまきつける

3 まき終わりを折って端を始末する

4 花芯でモールを2本とめクルクルまいて花びらを作る

Seasonal handicrafts for Kids

Start! 春の花のブレスレットの作り方

1 芯になるモールにボタンをつけ、輪を作る

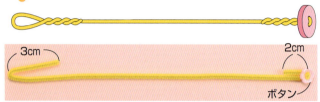

① 芯になるモールの右端にボタンを通して2cm折る。左端は3cm折る。

② 左端を押さえて、折り目を約6回ねじる。

③ モールの右端を押さえて、ボタンを約6回ねじる。

④ 芯になるモールにとめ具のボタンとボタン通しの輪ができた。

★ボタンがぬけやすい場合は、ねじる回数を増やして輪を小さくしてね！

2 芯のボタン側からモールをまきつける

① 端を直角に折り、短い方を芯にそわせて持つ。

② 長い方を端からすき間なくまいていく。重ならないように注意！

3 モールの端をまきこみながら3色のモールを順番にまく

オレンジ6回　ピンク10回　赤10回

① 7回まいたら、次の色のモールを芯にそわせて持ち、一緒にまく。

② 計10回まいたら、5mm残して切る。

③ まき終わりの端を芯にそわせ、次のモールを直角に折ってまいていく。

④ 右ページ上のまき方図を参考に、3色のモールを順番にまいていく。

6　Seasonal handicrafts for Kids

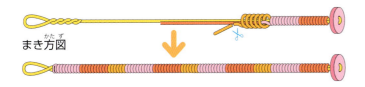

★ちょうちょなどのアレンジの作り方はP.47にあります。

まき方図

4 まき終わりを折って端の始末をする

① 端の輪のつけ根までまき終わったら、2cm残して余分なモールを切り落とす。

② 端を半分に折ってまく。
★危なくないように、端が内側に入るようにまく。

ブレスレットの完成！

5 中央に花芯をつける

花芯用に、黄色のモールを4cmに切る。ブレスレットの中央にひとまきして1回ねじってとめる。

6 花芯でモールを2本とめる

花びら用に、赤のモールを10cmに2本切り、中央を花芯でまいてとめる。

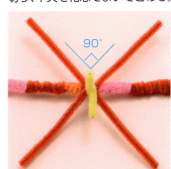
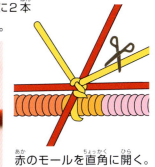

赤のモールを直角に開く。花芯を数回ねじって切り、端を丸める。

7 赤いモールをクルクルまき花びらを作る

つまようじを芯にして、赤のモールを端からまく。残りの3本も同じようにまく。

できあがり

花びらを少し起こして形を整える。

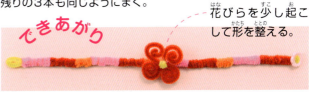

Seasonal handicrafts for Kids 7

2 初級
切る+貼るで作るもの Handicrafts

折り紙で作る ミニミニかぶと

カラフルな折り紙のほか、家にあるチラシやお菓子の包装紙、新聞など。
いろいろな紙を正方形に切って、小さなかぶとをたくさん折ってね。

Seasonal handicrafts for Kids

design：Kumiko Suzuki

用意するもの

折り紙や千代紙、好みの柄の包装紙やチラシ・新聞を正方形に切ったもの

家にあるお菓子の包装紙やパンフレットなど…絵柄がきれいですてられなかった紙が大活やく。紙の替わりに布をアイロンで折っても楽しいよ！

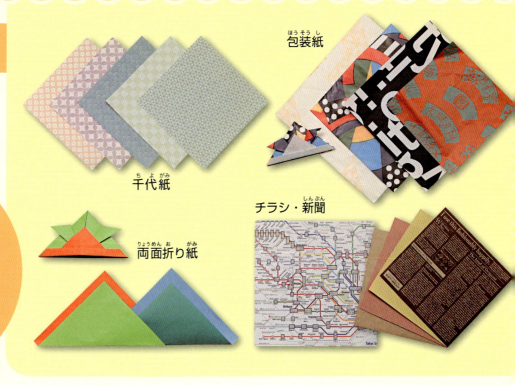

包装紙
千代紙
両面折り紙
チラシ・新聞

折り方のきほん

山折り
折り目の線が外側になる折り方。

オモテ
山折り
オモテ

谷折り
折り目の線が内側にかくれる折り方。

オモテ
谷折り
ウラ

季節のマメ知識

こどもの健やかな成長を願う
端午の節句

5月5日の「こどもの日」はもともと「端午の節句」と呼ばれる行事の日です。しょうぶ湯に入ったり、ちまきやかしわもちを食べたりして、邪気をはらいます。武士の時代に「しょうぶ」と「尚武（武を重んじること）」をかけ、男の子の節句として行われるようになったそうです。こいのぼりを立て、かぶとを飾る習慣があります。

くわ形 / かぶとばち / ふきかえし / まびさし

カブトイラスト：KOMAKI / PIXTA

Seasonal handicrafts for Kids

Start! きほんのかぶとの作り方

1 正方形の紙を半分に折る。

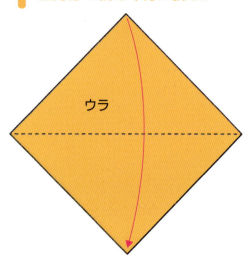

2 角を中央に合わせて折る。

同じように反対側も角を合わせて折る。

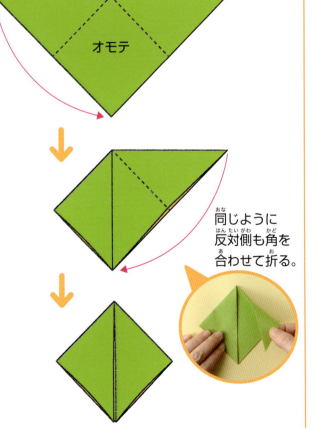

3 下の角を折り上げる。

上に折り上げる。

反対側も折り上げる。

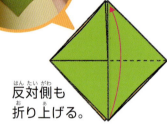

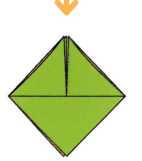

4 外側に折り返し「くわ形」を作る。

ななめに折り返す。

反対側も折り返す。

くわ形ができました。

角をきっちり合わせて折るのがポイントだよ！

● くわ形
かぶとの正面にある飾り。農具の「くわ」に似た形から名づけられたとか。

● まびさし
かぶと正面のひさし部分。額を守る役割がある。

5 「まびさし」を作る。

前1枚を点線で折り上げる。

もういちど折り上げる。

後ろの角を内側に差しこむ。

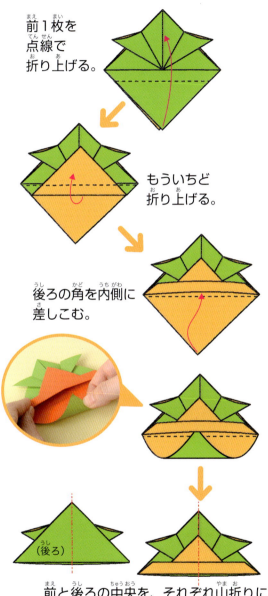

前と後ろの中央を、それぞれ山折りにして立体にすると立つ。

できあがり

（後ろ）

ちょっとアレンジ ひと工夫
細長い形の長かぶと

1 きほんのかぶと 2 の後に、さらに図のように折る。

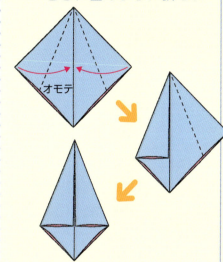
オモテ

2 「くわ形」を作る。

上に折り上げる。

ななめに折り返す。

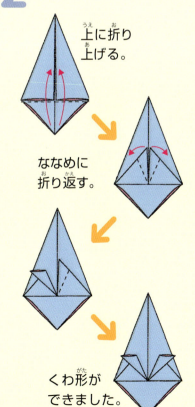

くわ形ができました。

3 「まびさし」を作る。

前1枚を点線で折り上げる。

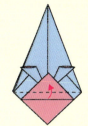

もういちど折り上げる。

後ろの角を内側に差しこむ。

できあがり

きほんのかぶとと同じように、立体にすると立つ。

Seasonal handicrafts for Kids

切る+貼るで作るもの
3 初級
Handicrafts

紋切りで作る桜モチーフのランタン

紙を折ってはさみで切り、そっとひらくとモチーフが作れる『紋切り遊び』。桜のモチーフをたくさん作ってかわいいランタン（明かり）に！

季節のマメ知識

春の花…桜

日本の春を象徴する花…桜。初桜、若桜、夜桜、千本桜、桜ふぶき。日本語には桜にまつわる言葉がたくさんあります。

Seasonal handicrafts for Kids　　design：Kumiko Suzuki

用意するもの

中に入れる明かりはLEDライトがおすすめ。火を使うキャンドルや、白色灯などは危ないので使わないでね。側をはなれる時は、必ず消すこと！

LEDキャンドルライト（電池式）

クリアホルダー（B4サイズ）
ゼムクリップ
和紙（白）38×20cm
和紙または折り紙（ピンク）
　紋切り用 15×15cm
　飾り用 8×15cm
じょうぎ
はさみ　つまようじ　両面テープ
えんぴつ
筆
ボールペン
でんぷんのり

Start!

1 紋切り用の紙を5つ折りする

-・-・-・- 山折り
- - - - - 谷折り

① 正方形の紙を半分に折る。

② 左下の角を上中央に合わせて軽く折り目をつける。

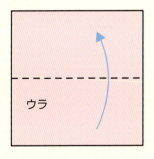

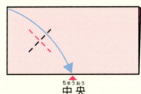
折り目

折り山の中央だけ指でおさえ、印をつける。

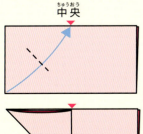

③ 左上の角を下中央に合わせて折り目をつける。

中央

④ 右下角を左の中央に合わせて折る。

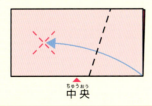
中央

⑤ 角を右端にそろえて折る。

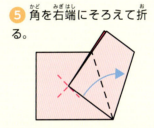

⑥ 下辺を右の折り目に合わせて折る。

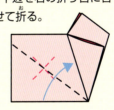

⑦ 折り目を合わせたところで山折りする。

準備OK!
★この部分に型紙を重ねる

●紋切り遊び

江戸時代に始まったという紋切り遊びは、寺子屋の教科書で紹介されるほど庶民の間で親しまれていました。5つや6つに折った紙をチョキチョキ切ってそっと開いたら…美しい紋様ができあがります。

Seasonal handicrafts for Kids

紋切りランタンの作り方

図案は巻末を見てね！

2 5つ折りした紙に図案を写す

❶ 図案にコピー用紙などうすい紙を重ねてなぞり、写しとる。コピー機を使ってもOK。

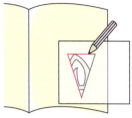

❷ 図案をウラ返して三角の中のもようの線をなぞるようにえんぴつでこくぬる。

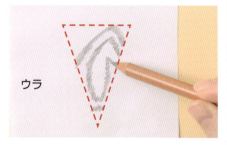

❸ オモテに返して外側の線を切り、型紙を作る。

❹ 折った和紙に重ね、柄のりんかく線をボールペンでなぞる。

3 図案にそって紙を切る

❶ 和紙の折り目や重ねた図案がずれないように、クリップで仮どめする。

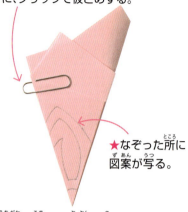

★なぞった所に図案が写る。

❷ 内側の細かい部分を切りぬいてから、外側を切る。

ていねいにひろげる。

残った和紙の折り目を利用して花びらを12枚切る。

4 本体に紋切りの花を貼る

❶ 本体用和紙の中央に紋切りの花を置き、左右に花びらをバランスよく散らして位置を決める。

❷ 花のウラにのりをつけて筆でのばす。

❸ ウラにのりをつけて筆でのばし、本体用和紙に貼る。
★空気が入らないように中心から外側に向かって指でおさえる。

5 本体を組み立てる

1 クリアホルダーのギザギザ部分を切る。さらに端から20cmの部分を切る。

★ B4クリアホルダー1枚で、ランタンが2個できる。

ギザギザ部分

27cm / 38cm / 20cm / 5mm切る / 切る / この部分を使用

LEDキャンドルライトを入れるともようが浮き上がるよ

★ 高さを変えれば小さいランタンが作れます。

2 クリアホルダーの両端に両面テープを貼る。

両面テープ / クリアホルダー

3 本体用和紙を貼り合わせる。

4 ウラ返してクリアホルダー側に両面テープを貼る。

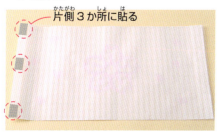

片側3か所に貼る

5 丸くして両面テープにもう片方を貼り合わせ、筒を作る。

6 筒の両わきに飾りをつける

1 15×4cmに切った和紙を三つ折りにして折り目をつける。★2本作る。

4cm / 15cm / 1.3cm / 1.4cm / 1.3cm / ウラ

2 全体にのりを塗り、三つ折りに貼り合わせる。★2本作る。

ウラ / オモテ

3 ②をつまようじにまいて丸めて、うずまきを作る。

4 本体の筒の左右に両面テープで貼る。

約2cm

できあがり

Seasonal handicrafts for Kids   15

4 中級

ポンポンで作る いちごのチャーム

白・ピンク・赤の毛糸を順番にぐるぐるまいて、はさみで形を整えると、いちごが完成。三つ編みのひもとお花を結びつけてチャームを作ろう。

Seasonal handicrafts for Kids　　design：Kazue Ohtake

用意するもの

用具の使い方や素材のあつかい方は商品の説明書を見てね

市販のポンポンメーカーを使うときれいな形のポンポンが作れます。大きさを変えても楽しめます。

※道具：クロバー・スーパーポンポンメーカー。毛糸：オリムパス・ミルキーキッズ（合太）ほか。並太毛糸でも作れます。フェルト：サンフェルト・ミニー厚さ1mm。（00）は色番号。

Start! ポンポンいちごの作り方

1 ポンポンメーカーのアームに毛糸をまく

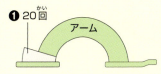
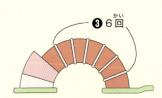
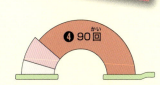

① ポンポンメーカーの2本のアームをそろえて持ち、白糸を内側の端から20回まいて3cmほど残して糸を切る。

② 白糸を端によせ、ピンク糸を20回まいて端によせ、糸を切る。赤糸を80回まく。
★赤糸のまき終わりは切らずに残しておく。

③ 赤糸のまき終わり側から、均等に間を開けて白糸を6回まく。
★糸は切らずに残しておく。

④ 残しておいた赤糸を③の上に90回まく。糸は切らない。

★まき終わりは、ほどけないように、最後の1まきに端をくぐらせてとめる。きつくまくと端によせにくくなるので注意する。

花びら 実物大型紙

P.18へつづくよ

P.17のつづき

❺ 同じようにして、白糸を6回まき白糸を切る。

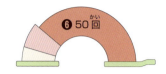

❻ さらに赤糸を50回まいて糸を切り、アームをとじる。
★赤糸は端によせたピンク糸、白糸に重ならないように注意!

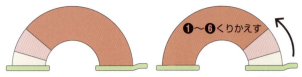

反対側はこっちからまくよ!

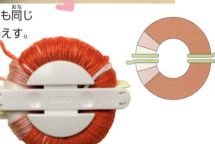

❼ 反対側のアームにも同じように❶～❻をくりかえす。

❽ アームをとじる。これですべての毛糸がまき終わり。

2 ポンポンメーカーからはずす

❶ アームのすき間のみぞにはさみを入れ、毛糸を切る。

❷ ぐるりと一周切ったところ。

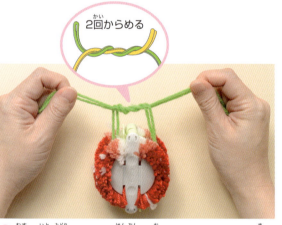

2回からめる

❸ 結び糸(緑)60cmを半分に折ってアームのすき間にわたす。白糸のまん中の位置でしっかり結び、もう1回結ぶ。

❹ しっかり結べたら、ゆっくりアームを押し上げる。

❺ 両側のアームをそっと開き、ポンポンメーカーを矢印の方向に引っぱってはずす。

❻ 結び目を中心にして、白とピンクの部分を手で丸く整える。

3 はさみで切りそろえ形を整える

点線の形に切る

先をとがらせて切るのがポイントだよ！

① 結びひもを持ち、白とピンクの部分が平らになるように短く切る。

② 少したて長になるように、側面の部分を回しながら切る。

下から上に切る

③ 先の部分は細めに切ってとがらせる。

4 がくを作る

がく

6cm / 5cm

① がく用の緑の毛糸を厚紙に6回まいて切る。形がくずれないようにそっと厚紙からはずす。

② がくを結び糸にのせて軽く結ぶ。同じ長さに整えて強く結び、もう一度結ぶ。がくの糸端は短く切る。

5 三つ編みひもを通す

① 赤・ピンク・緑の糸を40cmに切る。端をクリップで固定して、三つ編みする。端を合わせてひと結びし、編み終わったら端を切りそろえる。

② 輪の中央をいちごの結び糸で2回結ぶ。結び糸の端は短く切り、結び目にボンドをつけておくとほどけない。

6 フェルトの花を作って結ぶ

花びらの型紙はP.17を見てね！

花びら

① 花びらの型紙を紙に写して切り、フェルト白に型紙を重ね、クリップでとめて切る。

② 中央に目打ちで穴をあけておく。

③ 30cmの長さの黄色の毛糸を輪にして、10回からめて引きしめ、中央に大きな結び目を作る。

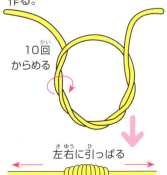

10回からめる

左右に引っぱる

④ ③の毛糸を毛糸とじ針に通し、花の中心に通して花芯を作る。ウラ側でひと結びする。

1回結ぶ

⑤ 三つ編みに2回結び、余分な糸を切る。

2回結ぶ

できあがり

プラバンで作る動物アクセサリー

5 中級 ★切る+貼る+道具で作るもの Handicrafts

プラバンシートをトースターで加熱すると、ギュッとちぢんで約4分の1の大きさに。ブローチピンやヘアゴムでアクセサリーにアレンジ！

design：Takako Koizumi

用意するもの

色えんぴつや水性ペンで着色するときは、片面がザラザラした半とうめいのプラバンを使うよ。とうめいプラバンを使う場合は、不とうめい水性サインペンなどを使おう！

★ニスは、品質や、色えんぴつとの相性などにより、にじむ・ひび割れるなど…うまくいかない場合があるので、注意しよう！なるべく文具店や画材店、ホームセンターなどで購入するのがおすすめ。

半とうめいプラバン（フロストタイプ）0.4mm

クッキングシート

はさみ

マスキングテープ

ボンド

消しゴム

ブローチピン

えんぴつ

ガラス板（または厚い本など）

筆

不とうめい水性サインペン

色えんぴつ

水性ニス

★オーブントースター（温度調節ができるものだと失敗しにくい）

ボンドで貼りつけてヘアアクセサリーも作ろう！

ことりのヘアピンやヘアゴムをいっぱい作ってお友だちにもプレゼントしよう！

Bird

Monkey

Rabbit

ほかの動物の図案はP.47にあるよ

50%図案

コピー機で200%に拡大

Dolphin

Penguin

Seasonal handicraft for Kids

プラバンブローチの作り方

50％図案
コピー機で200％に拡大

1 図案にプラバンを重ねて色えんぴつと水性サインペンで着色

ザラザラした面を上に

① 図案にプラバンを重ね、ずれないようにマスキングテープで固定する。
★ザラザラした面を上にする。

② 色えんぴつで、図案のりんかくをなぞって写す。

2～3回ぬり重ねると、むらにならないよ

③ 色えんぴつで色をぬる。

こい色が混ざらないように注意して！

④ 不とうめい水性サインペンで文字を書く。

⑤ えんぴつで切り取り線を写す。

色えんぴつで着色する場合は、ザラザラした面に描く

キーホルダーやチャームにするときは、加熱前に穴開けパンチで金具用の穴を開けておく

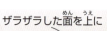

実物大図案

色がぬれたところ

22　Seasonal handicraft for Kids

2 切り取り線にそってプラバンシートを切る

① えんぴつ書きの切り取り線にそって、はさみで切る。

② えんぴつの線を消しゴムで消す。

③ 冷めないうちに、クッキングシートを折ってかぶせ、ガラスの板（厚い本などでもOK）で押さえてゆがみをとる。

3 オーブントースターで加熱して、形を整える

> トースターを3分くらい温めておいて！

① 切ったプラバンをクッキングシートに乗せ、温めておいたオーブントースターに入れる。
★内側の温度が下がらないように、ふたを閉じて加熱する。

> トースターのW数によって時間が変わるのでいろいろ試してね

加熱時間のめやす
- 1000Wで約45秒
- 600Wで約80秒

約 1/4 の大きさに

② キュ〜ッとちぢんでまるまり、平らにもどったら、クッキングシートごと取り出す。
★取り出すときは、やけどをしないように注意！軍手や手袋を使ってね。

4 オモテにニスをぬりウラにピンを貼る

オモテ

① 空気が入らないように注意して、水性ニスをうすくぬる。
★1回目が乾いてから2〜3回重ねてぬるとつやが出る。にじみやすいので厚ぬりにならないよう注意！

ウラ

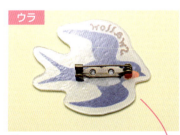

② ボンドでブローチピンを貼る。
★色をぬった部分に貼ると、オモテから見えない。

できあがり

Seasonal handicraft for Kids 23

6 中級

★切る+貼る+道具で作るもの★ Handicrafts

フェルトで作る 母の日のカーネーション

フェルトを切ってくるくるまくだけ…かわいいカーネーションをいっぱい作ってアクセサリーにアレンジしよう。母の日のプレゼントにぴったりです。

ブーケ風にラッピングしてプレゼント！

ウッドビーズ 直径1cm
アルミワイヤーをビーズに通してねじる

季節のマメ知識

母の日

さまざまな国で行われている「母の日」。日本では、明治時代に始まって昭和のころに広まり、5月の第2日曜日に行われています。日ごろの感謝の気持ちをこめて、カーネーションなどをおくります。

design：Takako Koizumi

用意するもの

素材や用途に合うものを選んでね！

★印はフェルトのウラにつけるので、えんぴつでもOK。
★フェルト用ボンドを使うとよく貼りつくよ。

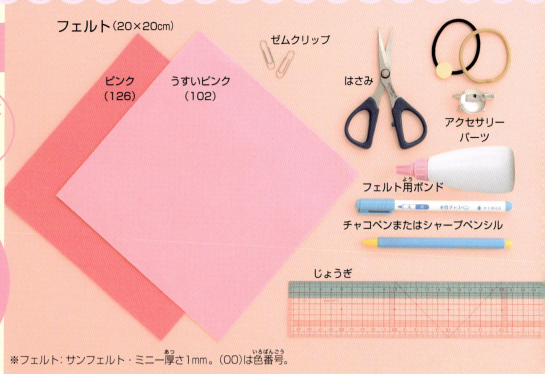

フェルト（20×20cm）
ピンク（126）
うすいピンク（102）
ゼムクリップ
はさみ
アクセサリーパーツ
フェルト用ボンド
チャコペンまたはシャープペンシル
じょうぎ

※フェルト：サンフェルト・ミニー厚さ1mm。（00）は色番号。

Start! カーネーションのヘアゴムの作り方

P.26へつづくよ

1 フェルトに印をつける

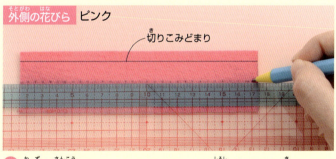

外側の花びら ピンク
切りこみどまり

① 下図を参考に、シャープペンシルなどで印をつける。切りこみ位置は点を打ち、切りこみどまりは線を引く。

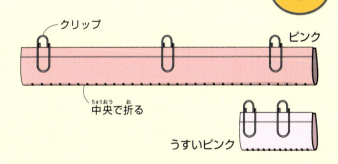

クリップ
ピンク
中央で折る
うすいピンク

② 印をつけたら、中央で二つ折りにしてクリップでとめる。

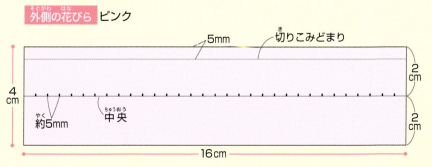

外側の花びら ピンク
5mm
切りこみどまり
2cm
2cm
4cm
約5mm
中央
16cm

中心の花びら うすいピンク
切りこみどまり
5mm
4cm
約3mm
中央
4cm

中央に切りこみの目安になる点をうつよ！

2 フェルトに切りこみを入れる

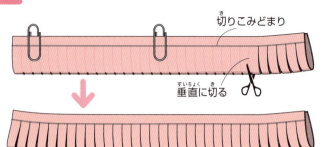

切りこみどまり
垂直に切る

切りすぎに注意！

❶ 印から切りこみどまりまで垂直に切りこみを入れる。
★中心の花びらも同じように切りこみを入れる。

❷ すべての切りこみができたら開いておく。

3 ボンドをつけて半分に折って貼る

❶ 切りこみどまりの印の外側にボンドをぬり、中央から内側に折って貼り合わせる。このとき右端から5mmずらす。

のりしろ

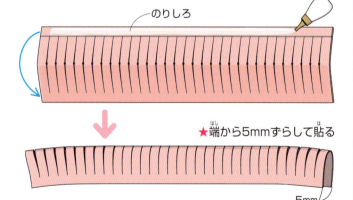

★端から5mmずらして貼る

5mm

ずらして貼ると花びらにニュアンスが出てきれいだよ！

外側の花びら　ピンク

5mmずらす

❷ 同じように中心の花びらにもボンドをぬり、こちらはずらさずに貼る。

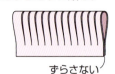

ずらさない

中心の花びら　うすいピンク

4 花びらをまいてボンドでとめる

ボンド

❶ 中心の花びらを端からまき、端をボンドでとめる。

❷ 外側の花びらの左端にボンドをぬり、❶の中心の花びらをのせる。続けて外側の花びらでくるむようにまいていく。まきながら数か所、ボンドでとめる。

ボンド　中心の花びら　ボンド

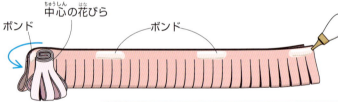

★中心と外側の花びらの境に段差ができないように注意しながらまく。

中心の花びら　外側の花びら　ボンド

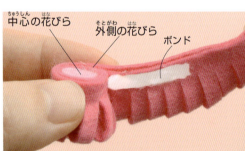

ウラから見たときに中心が少しへこんでいると花びら側がもり上がってかわいいよ！

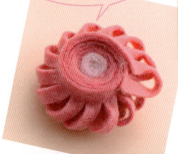

ボンド

❸ まき終わりにボンドをつけてしっかりとめる。

5 ウラにフェルトを当てヘアゴムをつける

① 外側と同じ色のフェルトに花をのせ、根元の外まわりをなぞって型をとる。

② フェルトを切り、ふたをするように花のウラにボンドで貼る。

③ ヘアゴムの土台にボンドをつけて貼る。

できあがり

コサージュピンやブローチピンなど…パーツでアレンジを楽しもう！

ちょっとアレンジ 大きなカーネーション ひと工夫

1 きほんの花を作る

好みの色のフェルトで、きほんのカーネーションを作る。ウラに当てる丸いフェルトはつけない。

2 追加の花びらを作る

右図を参考に、外側の花びらと同じように花びらを作る。

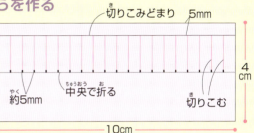

切りこみどまり 5mm
約5mm 中央で折る 切りこむ
4cm
10cm

3 きほんの花をくるむようにまく

わかりやすいようにフェルトの色を変えています。

① 下側の端にボンドをつけ、きほんの花のまき終わりに追加の花びらのまき始めを合わせて貼っていく。

② 1周まいたら、まき始めにぴったり合うように、余分な花びらを切り落とす。

③ まき終わりにボンドをつけ、端を合わせて貼る。

④ きほんの作り方の 5 と同じように、ウラに当てるフェルトを切って、ボンドで貼る。

できあがり

Seasonal handicrafts for Kids 27

7 上級

★切る+貼る+ぬうで作るもの★ Handicrafts

フェルトで作る いちごのブローチ

赤とピンクのフェルトを重ねてぬい合わせ、立体的に仕上げたいちごのブローチ。種に見えるように、キラキラしたラインストーンを貼ってね。

季節のマメ知識

いちごの季節

品種や地域によって差がありますが、ハウス栽培ではなく露地栽培で育てられたいちごの本来の旬は3〜5月ごろ。春になったら、太陽の光を浴びて育った旬のいちごを味わってみましょう。

28　Seasonal handicrafts for Kids

design：Takako Koizumi

用意するもの

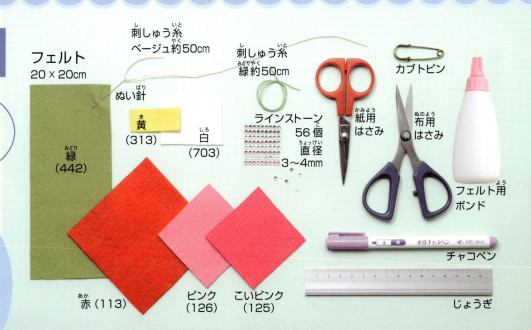

素材や用途に合うものを選んでね！

★チャコペンは自然に消える水性タイプがオススメ。
★フェルト用ボンドを使うとよく貼りつくよ。
★はさみは切れ味を保つために、布用と紙用に分けて。

※フェルト：サンフェルト・ミニー厚さ1mm。(00)は色番号。
★ラインストーンは、シールタイプのもの、またはボンドで貼るものを用意する

作る手順

バッグにつけるだけで春のコーディネートに…

8つのステップで作るよ！

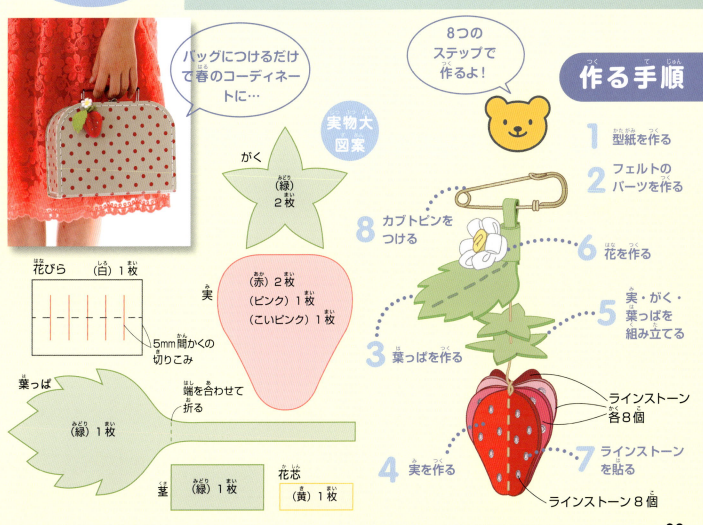

1. 型紙を作る
2. フェルトのパーツを作る
3. 葉っぱを作る
4. 実を作る
5. 実・がく・葉っぱを組み立てる
6. 花を作る
7. ラインストーンを貼る
8. カブトピンをつける

P.28 イチゴのお菓子：hiro cafe/PIXTA

いちごのブローチの作り方

型紙は P.29を見てね！

ぬい方のきほんや糸のあつかい方は P.41とP.45を見てね！

Start!

1 型紙を作る

型紙を半紙やトレーシングペーパーなど、うすい紙に写し取り、はさみで切る。コピー機を使ってもOK！

2 型紙に合わせて切りフェルトのパーツを作る

① フェルトに型紙をのせて、チャコペンで周囲をなぞる。
② 布用はさみで切る。

がく（2枚）／くき／葉っぱ／花芯／花びら／実 A B C D

必要なパーツをすべて切っておく。

③ 実のパーツを半分に折り、折り目をつけておく。

3 葉っぱを作る

① 3本どりの刺しゅう糸（緑）を針に通し、端に玉結びを作る。くきをウラに折って針をさす。
★玉結び・玉どめは P.45 参照。

② 葉っぱの中央をなみぬいする。最後はウラに針を出し、玉どめして糸を切る。
★なみぬいは P.38 参照。

4 実を4枚重ねてぬう

A～Dの順に実のパーツを重ねる。

ぬい始め

① 3本どりの刺しゅう糸（ベージュ）を針に通し、玉結びを作る。
★玉結びがかくれるように、ぬい始めだけ実Dをめくってさす。

② 実Dを元にもどし、折り目にそってなみぬいする。

ぬい終わり

③ 手前から針をさし、上に糸をわたすようにぬう。

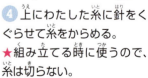

④ 上にわたした糸に針をくぐらせて糸をからめる。
★組み立てる時に使うので、糸は切らない。

★シールタイプのラインストーンがない場合はボンドで貼る。

5 実・がく・葉っぱを組み立てる

がく

① がく2枚の中心に針をさす。

葉っぱ

② 葉っぱのつけ根に針をさして、ひと針ぬう。がくのウラで玉どめして糸を切る。

くき

③ くき用のフェルトの片面にボンドをうすくつけ、葉っぱのつけ根に巻きつける。

④ くきとがくのすき間をボンドでしっかり貼る。

6 花を作って貼りつける

花びら

① フェルト(白)の端にボンドをつける。

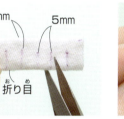

② 半分に折って貼り合わせる。乾いたら、はさみで折り目側に切りこみを入れる。

③ 花びらができた。

花芯

④ フェルト(黄)を巻き、端をボンドでとめる。

⑤ 花びらにボンドをつけ、花芯に巻きつける。

花の完成

⑥ 花のウラにボンドをつけ、くきに貼る。

⑦ いちごの本体ができた。

7 ラインストーンを貼る

① ラインストーンをフェルトにバランスよく貼る。

② 実DCをめくって、ウラ側や実B〜Dにも貼る。

できあがり

8 カブトピンをつける

くきの輪になった部分にカブトピンを通してブローチに…。

Seasonal handicrafts for Kids 31

ちりめんで作る ひな祭りのつるし飾り

8 上級 切る+貼る+ぬうで作るもの Handicrafts

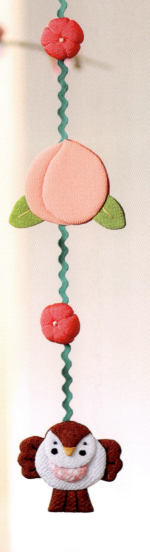

伝統的な「押し絵」で、つるし飾りを作ってみよう。着物に使われる布・ちりめんで作れば、本格的なひな飾りに。

● 押し絵とは
花や鳥、人などの形にした厚紙に布を貼ったり、中に綿を入れてふっくらさせた部品を重ねたりして立体的にする技法を押し絵といいます。羽子板などを飾る伝統的な手芸として古くから親しまれています。

32　Seasonal handicrafts for Kids　　　design：Yasuko Endo

用意するもの

素材や色や使用量は型紙を見てね

アイロン
山道テープ（緑）1m・（赤）1m×2本
トレーシングペーパー
熱接着両面シート
ボール紙
うすい紙
ちりめんいろいろ
ボンド用小皿
ボンド
スティックのり
ぬい針
手ぬい糸各色
えんぴつ
筆
チャコペン
目打ち
フェルト
じょうぎ
紙用・布用はさみ
ピンセット
細ひも
鈴
ぼんてん1.2cm
丸大ビーズ
綿
ドミット芯

★チャコペンは自然に消える水性タイプがオススメ。
★はさみは切れ味を保つために、布用と紙用に分けて。

季節のマメ知識

ひな祭り

3月3日は女の子の健やかな成長を願う「ひな祭り」が行われます。「桃の節句」とも呼ばれる行事です。かつては厄を人の代わりに人形に移して流す、「流しびな」を行う日でした。その後、人形は流すものから飾るものへと変化しました。現在はひな人形を飾り、白酒、ひしもち、あられ、桃の花などをお供えしてお祝いします。

飾りの種類

うさぎ
神様のお使い。赤い目は呪力があり、病気を退治するといわれています。安産のお守りにも。

たちばな
常緑でえんぎがよいとされていて、古くから魔よけとして好まれています。

福良すずめ
豊かさを象徴し、五こく豊じょうを祈願します。

梅の花

宝袋
お金に不自由せず、幸せに育ってほしいと願う親心がこめられています。

いぬ張子
安産と子だくさんを願うえんぎもの。丈夫で健やかな成長を見守ります。

桃
女の子の成長を願います。邪気をはらう、おめでたい食べもの。

Seasonal handicrafts for Kids

Start! うさぎの作り方

うさぎ

ちりめん
（白）13×14cm
（赤）3×4cm
（柄）6×3cm

ドミット芯・ボール紙
13×17cm

熱接着両面シート
3×4cm

丸大ビーズ
（赤）2個

ぼんてん（白）1個

手ぬい糸（赤）

はさみこむ部分

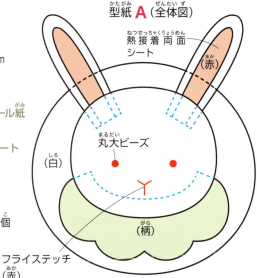

型紙A（全体図）
熱接着両面シート
（赤）
丸大ビーズ
（白）
（柄）
フライステッチ（赤）
型紙B（台紙用）・C（接着用）は巻末

1 型紙を写す

型紙は3種類必要になる。型紙A（全体図）、B（台紙用）、C（接着用）の3パターンに分けて作る。型紙にトレーシングペーパーを重ね、えんぴつでなぞって必要な線を写す。

① パーツを組み合わせるときに位置を合わせる目安の型紙を1枚写す。

型紙A（全体図）
トレーシングペーパー

② 顔、耳などのパーツごとに作る台紙用の型紙（巻末）。外耳4枚、胴2枚、頭・前かけ1枚を写す。

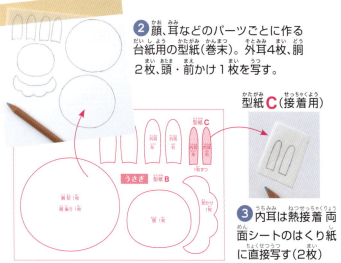

型紙B（台紙用）
型紙C（接着用）

③ 内耳は熱接着両面シートのはくり紙に直接写す（2枚）

2 台紙を作る

型紙B（台紙用）を写したトレーシングペーパーを、少し大きめに切ってボール紙に貼り、線にそって切りぬく。

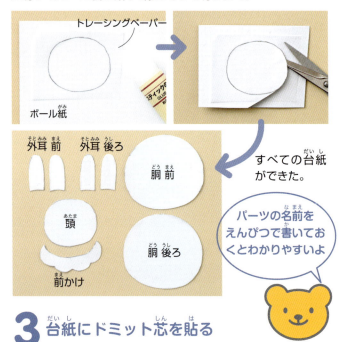

トレーシングペーパー
ボール紙

外耳 前　外耳 後ろ　胴 前
頭　　胴 後ろ
前かけ

すべての台紙ができた。

パーツの名前をえんぴつで書いておくとわかりやすいよ

3 台紙にドミット芯を貼る

ドミット芯（ウラ・平らな面）
ボール紙

① 台紙のトレーシングペーパー側にボンドをぬり、ドミット芯のウラ（平らな面）に貼る。

ドミット芯（ウラ）
ボール紙

② 台紙に合わせてドミット芯を切る。

③ 同じようにして、すべてのパーツにドミット芯を貼り、台紙に合わせて切る。

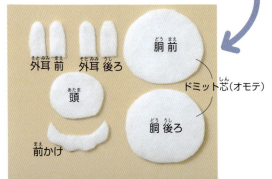

外耳 前　外耳 後ろ　胴 前
頭　　ドミット芯（オモテ）
前かけ　　胴 後ろ

4 ちりめんを切る

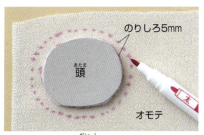

① ちりめんに台紙をのせ、チャコペンでりんかくをなぞる。その外側に5mm幅ののりしろ線を書く。

② 外側の線をはさみで切る。

5 頭と胴の台紙にちりめんを貼る

① 切ったちりめんのウラに、台紙のドミット芯側を合わせ、のりしろに切りこみを入れる。

② のりしろにボンドをつけ、筆でうすくのばす。

③ ピンセットでのりしろをまっすぐ持ち上げ、台紙のウラ側に貼る。

④ 台紙にちりめんが貼れたら、アイロンで形を整える。

ふちに垂直に当てる

ウラからアイロンを当ててのりしろを平らにする

⑤ 同じように2つの胴の台紙にちりめんを貼る。

6 耳と前かけの台紙にちりめんを貼る

① 耳と前かけの台紙もちりめんにのせて切りこみを入れる。耳の下ののりしろと前かけの上ののりしろには切りこみを入れないので注意しよう。

きついカーブは細かく切りこむ

はさみこむ部分 切りこみなし

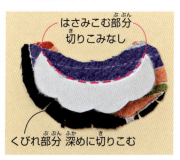

はさみこむ部分 切りこみなし
くびれ部分 深めに切りこむ

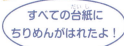

はさみこむ部分

② 切りこみを入れた部分に、のりをつけて折りこむ。はさみこむ部分はのりをつけず折りこまない。

すべての台紙にちりめんがはれたよ!

7 頭に目・鼻をつける

型紙A

① 型紙Aの目・鼻位置に、目打ちで穴を開ける。

② 頭のちりめん面に重ね、穴を開けたところに、チャコペンで印をつける。

③ 印をつけたところに、目打ちで穴を開ける。
★ボール紙にも穴を開ける。

④ 手ぬい糸(赤)を2本どりにして玉結びを作り、目と鼻をつける。

目
目打ちで開けた穴に台紙側から針を刺す。ビーズを1個通して、同じ穴に針を入れる。

鼻
フライステッチで鼻を刺しゅうする。最後は台紙側で玉どめする。
★フライステッチは巻頭参照。

8 内耳と外耳を貼り合わせる

① 内耳を作る。型紙Cを熱接着両面シートに写して、約5mmの余白を残して切る。ちりめん(赤)のウラに当て、アイロンで貼り合わせる。

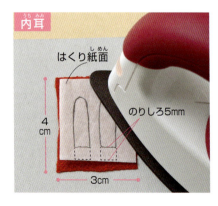

内耳
はくり紙面
4cm
3cm
のりしろ5mm

② 耳の下にのりしろを5mmつけて切る。

のりしろ5mm

③ 内耳ののり面を外耳前にのせ、アイロンで貼る。

はくり紙をはがす
のり面

④ 外耳後ろに、内耳を貼った外耳前を貼る。

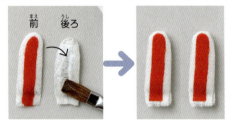

前　後ろ

9 頭・前かけ・耳を貼り合わせる

① 頭の下端(前かけが重なる部分)のウラにボンドをつけ、筆でのばす。

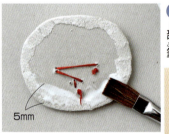

5mm

② 型紙Aで位置を合わせ、前かけに頭を重ねて貼る。

5mm

③ 耳の下ののりしろにボンドをつけ、型紙Aで位置を合わせ、頭のウラに差しこんで貼る。

36　Seasonal handicrafts for Kids

10 胴（前・後ろ）にパーツを貼る

① 9のウラにボンドをつけて筆でのばす。
★耳ウラにはボンドはつけない。

② 型紙Aで位置を合わせ、胴前に9を、胴後ろにぼんてんを貼る。

11 テープをはさんで胴（前・後ろ）を貼り合わせる

胴後ろのウラにボンドをのばし、中央に山道テープをのせる。テープをはさむように胴前と貼り合わせる。

胴に重なった山道テープにボンドをつける

本などで重しをして乾かす

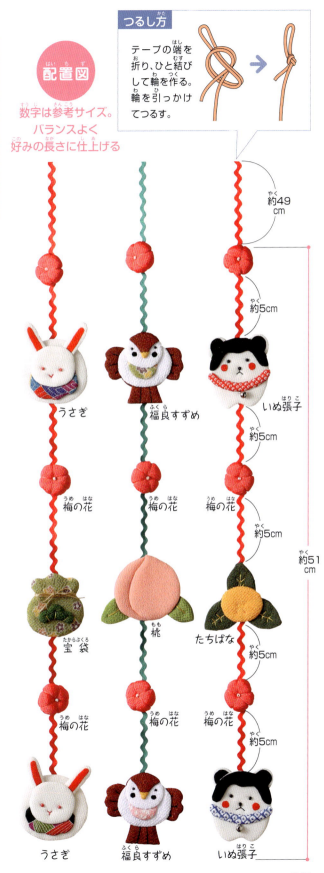

配置図

数字は参考サイズ。バランスよく好みの長さに仕上げる

つるし方

テープの端を折り、ひと結びして輪を作る。輪を引っかけてつるす。

約49cm

うさぎ　福良すずめ　いぬ張子

約5cm

梅の花　梅の花　梅の花

約5cm

宝袋　桃　たちばな

約51cm

約5cm

梅の花　梅の花　梅の花

約5cm

うさぎ　福良すずめ　いぬ張子

Seasonal handicrafts for Kids　37

梅の花の作り方

1 ちりめんとフェルトを丸く切る

ちりめん(ピンク)にP.39の型紙を重ねてチャコペンで印をつけ、はさみで切る。フェルト(ピンク)も同様に切る。

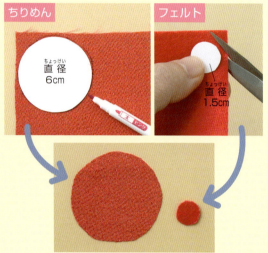

2 ちりめんの周囲をなみぬいする

白の手ぬい糸を2本取りにして玉結びを作り、ちりめんの周囲をなみぬいする。
★玉結びはP.45を参照。

なみぬい

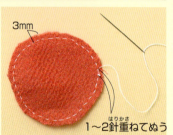

3 綿をのせて糸をしぼり、玉にする

丸めた綿をのせて糸を引きしぼり、玉どめして、糸を切る。
★玉どめはP.45を参照。

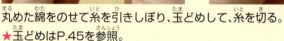

4 糸を渡して5等分し花芯をつける

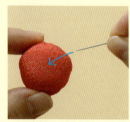

① 糸端に玉結びを作り、玉の中心に針を入れ、しぼり口側に出す。

② 「玉の中心に針を入れ、しぼり口側に出す」をくり返して、玉を5等分に分けるように糸を渡す。

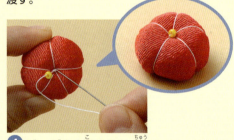

③ しぼり口側で1針ぬい、玉の中心に針を出す。

④ ビーズを1個ひろい、中心からしぼり口側に針を出し、玉どめをする。

5 テープをはさんでフェルトを貼る

しぼり口にボンドをつけ、テープをのせる。テープをはさんで、ボンドをのばしたフェルトをしぼり口に貼る。

Seasonal handicrafts for Kids

実物大図案

型紙 A（全体図）
型紙 B（台紙用）・C（接着用）は巻末参照

型紙 A・B はトレーシングペーパーに写す。
型紙 C は熱接着両面シートのはくり紙に写す。

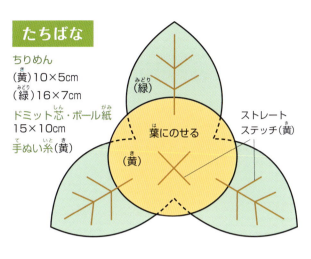

たちばな

ちりめん
(黄)10×5cm
(緑)16×7cm
ドミット芯・ボール紙 15×10cm
手ぬい糸(黄)

いぬ張子

ちりめん
(白)17×7cm
(黒)10×4cm
(赤)2×1cm
(柄)7×3cm
ドミット芯・ボール紙 10×17cm
熱接着両面シート 5×3cm
丸大ビーズ(黒)3個
鈴(銀・小)1個
手ぬい糸(黒)

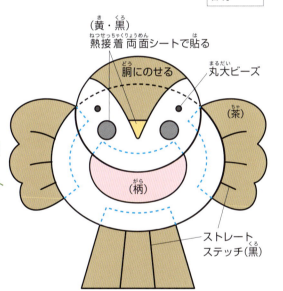

福良すずめ

ちりめん
(茶)12×13cm
(白)11×5cm
(柄)4×3cm
(黒)2×1cm
(黄)1.5×1cm
ドミット芯・ボール紙 12×15cm
熱接着両面シート 3.5×1cm
丸大ビーズ(黒)2個
手ぬい糸(黒)

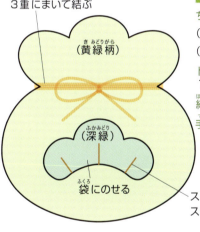

宝袋

ちりめん
(黄緑柄)7×14cm
(深緑)3×4cm
ドミット芯・ボール紙 7×13cm
細ひも(金)40cm
手ぬい糸(黄)

梅の花

ちりめん
[9個分]
ちりめん(こいピンク)23×20cm
フェルト(赤)6×6cm
丸大ビーズ(黄または白)9個
綿てき量
手ぬい糸(赤)

桃

ちりめん
(ピンク)10×14cm
(若草色)6×6cm
ドミット芯・ボール紙 13×6cm
手ぬい糸(黄)

★ストレートステッチとフライステッチは巻頭参照。

Seasonal handicrafts for Kids 39

9 上級

切る＋貼る＋ぬうで作るもの Handicrafts

刺しゅうで作る 動物のカフェエプロン

ぽかぽかの日曜日は、動物モチーフのエプロンでお手伝い。キッチンクロスを使うので、仕立てもかんたん。友だちとおそろいも楽しいね！

40　Seasonal handicrafts for Kids

design：Yasuko Endo

用意するもの

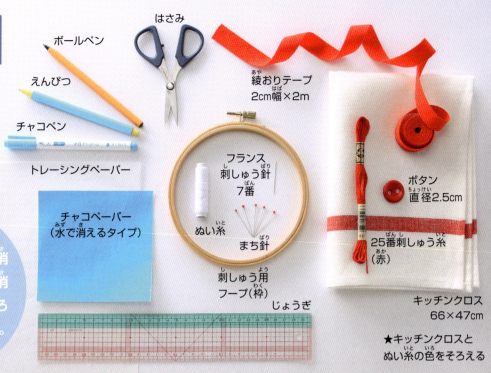

- ボールペン
- えんぴつ
- チャコペン
- トレーシングペーパー
- はさみ
- 綾おりテープ 2cm幅×2m
- チャコペーパー（水で消えるタイプ）
- フランス刺しゅう針 7番
- ぬい糸
- まち針
- 刺しゅう用フープ（枠）
- じょうぎ
- ボタン 直径2.5cm
- 25番刺しゅう糸（赤）
- キッチンクロス 66×47cm

★図案をトレーシングペーパーに写すときはえんぴつで、布に写すときはチャコペーパーをはさんでインクが出なくなったボールペンでなぞるよ。

★チャコペンは水で消えるもの・自然に消えるものなど、いろいろな種類があるよ。

★キッチンクロスとぬい糸の色をそろえる

刺しゅうのきほん

色番号が書かれたラベルははずさないでね！

25番刺しゅう糸のあつかい方

6本の細い糸がより合わさった25番刺しゅう糸。この細い糸を、使う本数だけ引きぬいてそろえ、針に通して使う。必要な糸の本数は「3本どり」というように表す。

1 ラベルを押さえて糸端を引き出し、約50cmの長さに切る。
★長すぎると、糸がからまるので注意。

2 6本の束から、使用する本数を1本ずつ引きぬき、糸端をそろえ直す。

3本どり

糸の通し方

1 糸端を針に当てて折り、指でしっかり押さえて、矢印の方向に針を抜く。

2 糸の折り山を針穴に押し入れ、片端を針穴から引きぬく。

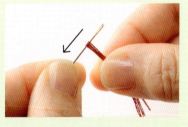

約10cm

刺しゅう用フープ（枠）

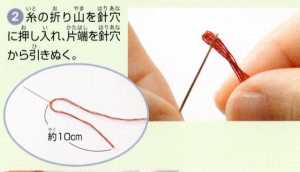

専用の枠に布をはめると、布がピンと張って、刺しゅうがしやすくなる。

Seasonal handicrafts for Kids

刺しゅうエプロンの作り方

作る手順

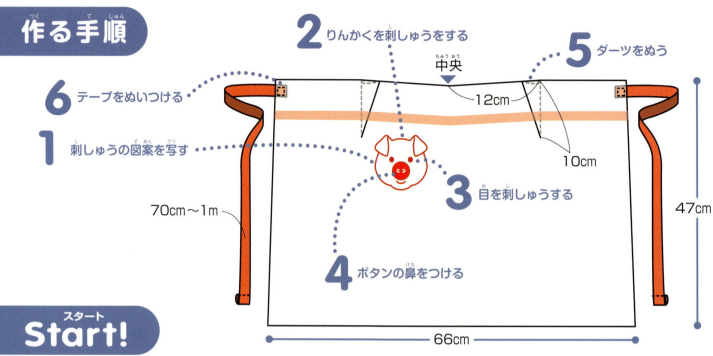

- 2 りんかくを刺しゅうをする
- 5 ダーツをぬう
- 6 テープをぬいつける
- 1 刺しゅうの図案を写す
- 3 目を刺しゅうする
- 4 ボタンの鼻をつける

中央
12cm
10cm
70cm～1m
47cm
66cm

Start!

1 刺しゅうの図案を写す

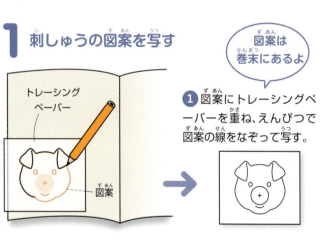

図案は巻末にあるよ

① 図案にトレーシングペーパーを重ね、えんぴつで図案の線をなぞって写す。

② 刺しゅうする布（キッチンクロス）を半分に折り、刺しゅうする位置を決める。

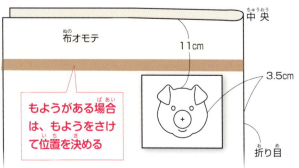

布オモテ / 中央 / 11cm / 3.5cm / 折りめ

もようがある場合は、もようをさけて位置を決める

③ 布と図案の間にチャコペーパーをはさみ、まち針でとめる。インクの出なくなったボールペンで線をなぞる。
★チャコペーパーの転写面を布に当てる。

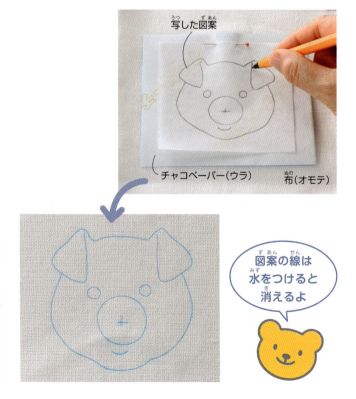

写した図案 / チャコペーパー（ウラ）/ 布（オモテ）

図案の線は水をつけると消えるよ

42　Seasonal handicrafts for Kids

2 バックステッチで、耳・顔のりんかく・口を刺しゅうする

① P.41を参照して、50cmの刺しゅう糸を3本どりにして、針に通す。刺しゅう枠をはめて準備をする。

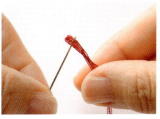

② 刺し始めの糸は10cm残し、ぬけないようにウラ側でテープでとめておく。図案の始点より1目分先に糸を出しておく。

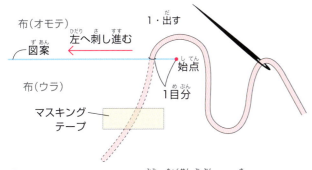

③ バックステッチでブタの耳の直線部分から刺しはじめる。

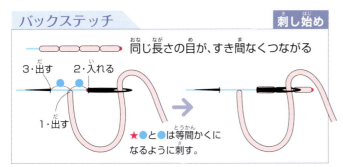

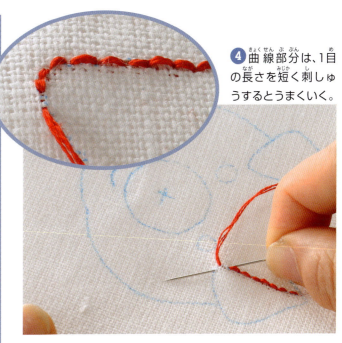

④ 曲線部分は、1目の長さを短く刺しゅうするとうまくいく。

⑤ 糸の残りが10cmくらいになったら、糸をつぎ足して刺す。

糸の始末 1目分戻ったところに針を入れてウラに糸を出す。糸端をウラ側の目に3〜4回くぐらせて切る。

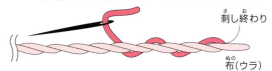

糸をつぎ足すとき 「糸の始末」と同じように、ウラ側の目にくぐらせてから刺し始める。

Seasonal handicrafts for Kids 43

3 サテンステッチで目を刺しゅうする

❶ 刺しゅう糸(3本どり)を針に通す。目の図案の内側で2～3目刺し、糸がぬけないようにとめる。
★刺しゅうが終わった後に糸の始末をするので、糸端を10～15cmくらい残しておく。

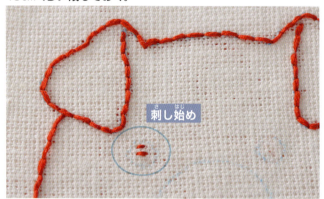

❷ 図案の中央の刺し始め位置(♥)に針を出し、順番通りに針を出し入れして、直線の目で図案の右半分を埋める。

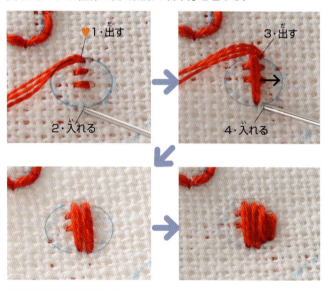

サテンステッチ

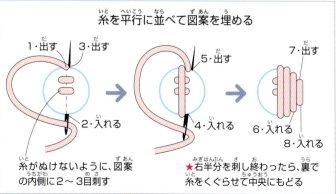

❸ 右半分を刺し終わったら、ウラで糸をくぐらせて中央にもどる。

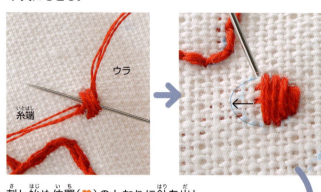

刺し始め位置(♥)のとなりに針を出し、残り左半分を刺しゅうする。

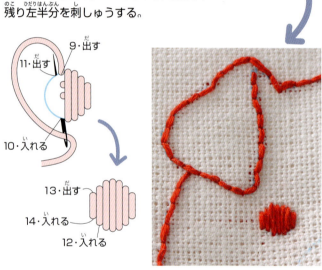

❹ もう片方の目も同じようにサテンステッチで刺しゅうする。

4 ボタンの鼻をつける

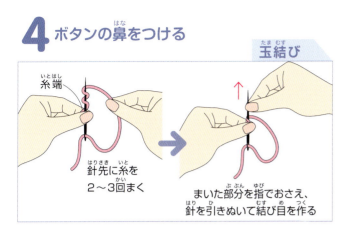

玉結び

糸端
針先に糸を2〜3回まく

まいた部分を指でおさえ、針を引きぬいて結び目を作る

① 刺しゅう糸(3本どり)を針に通して玉結びを作り、ボタンつけ位置を1針ぬう。

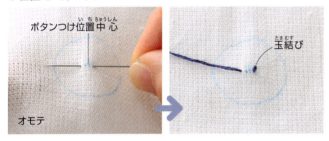

ボタンつけ位置中心
玉結び
オモテ

② ボタン穴に針を通し、ボタンつけ位置を1針ぬう。これを2回くり返す。

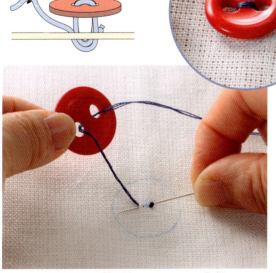

※わかりやすいように青い糸にしています。実際にはボタンと同じ色の糸を使いましょう。

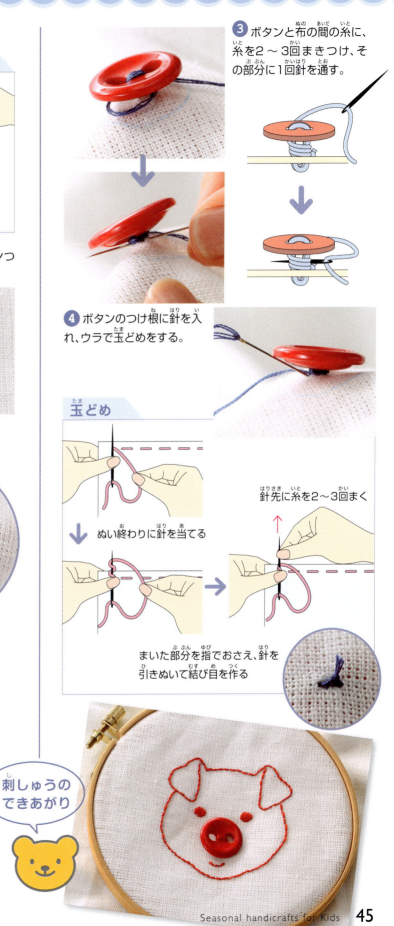

③ ボタンと布の間の糸に、糸を2〜3回まきつけ、その部分に1回針を通す。

④ ボタンのつけ根に針を入れ、ウラで玉どめをする。

玉どめ

ぬい終わりに針を当てる

針先に糸を2〜3回まく

まいた部分を指でおさえ、針を引きぬいて結び目を作る

刺しゅうのできあがり

Seasonal handicrafts for Kids

5 ぬい針とぬい糸でダーツをぬう

❶ 下の図を参考に、中央から左右それぞれ12cmのところに、チャコペンでダーツ位置の印をつける。

❷ ダーツを折りたたみ、指で押さえて折りぐせをつけ、まち針でとめる。

★の線を山折りして、☆の線に重ね合わせる

❸ ぬい糸を針に通し、糸端に玉結びを作る。玉結びがかくれるように、ダーツをめくって内側からオモテに針を出す。

❹ ★の折り山のきわを、3mmくらいの間かくでなみぬいする。向きを変え、谷折りのきわ部分をなみぬいしてもどる。ぬい終わりは、ダーツの内側で玉どめ。もう1つのダーツも同じようにぬう。

★なみぬいはP.38を参照。

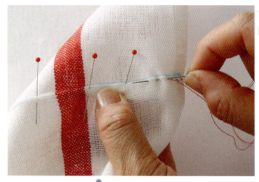

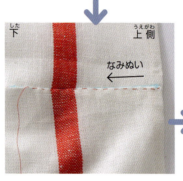

180°向きを変えてなみぬいする

6 上の左右の角にテープをぬいつける

❶ テープ1mを2本用意する。布のウラ側で、上の角に重ねて端から1cmをぬう。テープを折り返して四角くぬう。

❷ エプロンを腰にまき、テープの長さを決めてちょうどいい長さで切る。切ったテープの端を三つ折りしてぬう。

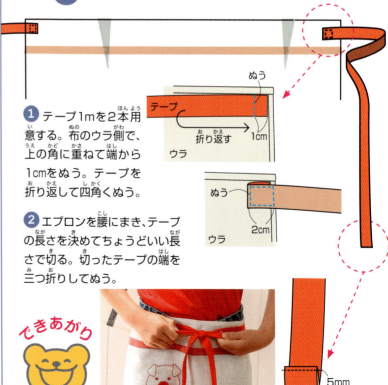

できあがり

アレンジ&型紙

P.4 モールで作る 春の花のブレスレット

ちょうちょの指輪

① 約13cmモール2本をねじる。

② 指の太さに合わせて丸め、2回ねじって輪にする。

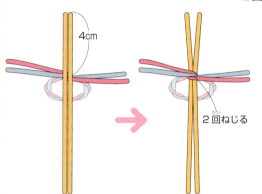

③ 11cmのモール2本を、指輪のねじった部分にのせ、2回ねじってとめる。

④ 指輪のモールの端を、はさみで切る。

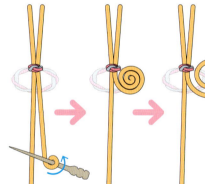

⑤ 羽根の先をつまようじで丸める。

⑥ 羽根を平らに丸めてから、ふんわりゆるめて整える。

⑦ しょっ角の先をつまようじで丸める。

できあがり

小さな花のブレスレット

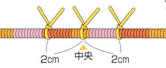

① きほんと同じようにブレスレットを作る。

② 4cmのモール（黄）で、3か所に花芯をつける。

③ 6cmのモール2本を花芯でとめ、きほんの花と同じように、つまようじでまく。

★好みの色で作ってね！

P.20 プラバンで作る 動物アクセサリー

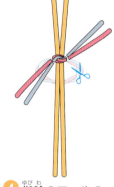

50% 図案
コピー機で200%に拡大

★図案の5mm外側に切り取り線をつける。細かい形にすると切りにくいので注意！
★金具用の穴を開ける場合は、8mmくらいのパンチを使う。

Seasonal handicrafts for Kids　47

PROFILE　プロフィール

C・R・Kdesign シーアールケイデザイン

グラフィック＆クラフトデザイナー：北谷千顕・江本薫・今村クマ・遠藤安子・すずきくみ子・吉植のり子・小泉貴子・大竹和恵によるデザインユニット。自由な発想の手づくりアイデアは無限大。企画、作品制作、ブックデザイン、編集、コーディネートまで幅広く活動中！　著書に「ビーズの縁飾り Vol.1〜3」「麻ひもと天然素材のクラフト BOOK」「ビーズがかわいい刺繍ステッチ1・2」「ネコ暮らしネコ遊び」(共にグラフィック社)、「ビーズを編み込むすてきアクセサリー1・2」(高橋書店) など。海外版も多数。手芸の展示会やワークショップを開催し、手づくりの楽しみを伝える活動もしている。

http://www.crk-design.com/
ブログ http://crkdesign.blog61.fc2.com/

STAFF スタッフ

作品デザイン＆作品制作：C・R・Kdesign
(遠藤安子　すずきくみ子　小泉貴子　大竹和恵　今村クマ)
撮影：大滝吉春 (studio seek)
プロセス撮影：末松正義
スタイリング：C・R・Kdesign
モデル：Sumire Samantha Murai Jones
ヘアメイク：大城梨恵
HOW TO 編集＆イラスト：
今村クマ　大橋和枝　梶山智子
ディレクション＆ブックデザイン：C・R・Kdesign

道具＆素材協力
● クロバー株式会社　http://www.clover.co.jp/
● オリムパス製絲株式会社　http://www.olympus-thread.com
● サンフェルト株式会社　http://www.sunfelt.co.jp/

著　者　　C・R・Kdesign
発行者　　内田克幸
編　集　　大嶋奈穂
発行所　　株式会社　理論社
　　　　　〒101-0062　東京都千代田区神田駿河台 2-5
電話　営業 03-6264-8890
　　　編集 03-6264-8891
　　　URL　https://www.rironsha.com
2017 年 9 月初版
2020 年 6 月第 4 刷発行
印刷・製本　図書印刷

©2017 C・R・Kdesign, Printed in Japan
ISBN978-4-652-20202-9　NDC594　A4 変型判　27cm　47p

落丁・乱丁本は送料小社負担にてお取替え致します。本書の無断複製（コピー・スキャン、デジタル化等）は著作権法の例外を除き禁じられています。私的利用を目的とする場合でも、代行業者の第三者に依頼してスキャンやデジタル化することは認められておりません。

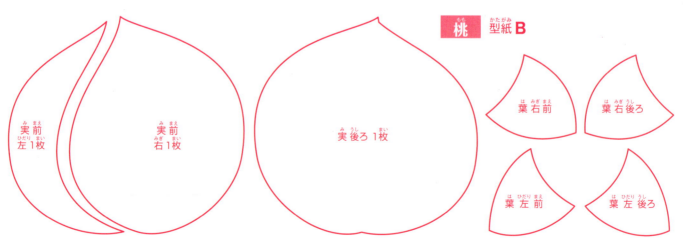